Jutta Richter | Petra Rappo

Nil, Nil, ich komme!

HANSER

Das Nilpferd wohnte schon lange im Zoo.

Im Gehege gleich neben der Giraffe.

Es gab dort einen Tümpel, drei Grasbüschel und viel Staub.

Sonst gab es nichts.

Außer dem Wärter Bratbüttel, der das Futter brachte.

Einmal am Morgen und einmal am Abend.

Das Nilpferd war sehr dick
und sehr klein
und sehr unglücklich.
Oft stand es da, starrte vor sich hin,
träumte mit offenen Augen,
und alle Träume fingen gleich an:
»Nil«, flüsterte das Nilpferd,
»Nil, Nil, ich komme.«

Heimweh war das.
Heimweh nach Himmel und Sonne.
Heimweh nach Herde und Erde.
Heimweh nach einem großen, breiten Fluss.

»Na, du Nilpferd mit dem kurzen Hals«,
rief die Giraffe von nebenan und beugte sich herab,
um ein paar zarte Blätter vom Maulbeerbaum zu pflücken.

Das Nilpferd antwortete nicht.

»Na, du Nilpferd«, rief die Giraffe und kaute.

»Lass mich in Ruhe«, schnaubte das Nilpferd.

»Ja, wenn du so groß wärst wie ich!«, rief die Giraffe.

»Was dann?«, fragte das Nilpferd.

»Dann könntest du den Nil sehen«, rief die Giraffe.
Und sie reckte den langen Hals, damit er noch länger würde.

»Du elende Angeberin«, schnaubte das Nilpferd
und stampfte mit den Vorderbeinen.

Es stampfte und stampfte,
und der Staub stieg auf
und hüllte das Nilpferd in eine große graue Wolke.

»Aufhören!«, schnauzte der Wärter Bratbüttel.
»Auf der Stelle aufhören! Müsst ihr denn immerzu Streit suchen!
Kann man nicht einmal seinen Frieden haben
in diesem Irrenhaus?!«

»Ich suche keinen Streit«, murmelte das Nilpferd.

»Nie im Leben«, rief die Giraffe.

»Dann hör zu stampfen auf, du Nilpferd!«, schnauzte
der Wärter Bratbüttel.
»Die Leute können dich nicht mehr sehen!«

»Immer die Leute«, schnaubte das Nilpferd. »Immer die Leute!«

»Die Leute haben bezahlt«, sagte der Wärter Bratbüttel.
»Die Leute kommen nicht für eine Staubwolke.
Und jetzt geh baden, damit du sauber wirst!«

Das Nilpferd starrte wütend auf den Tümpel.
»Da nicht«, murmelte es.
»Ich bin ein Nilpferd. Ich will den Nil.«

»Ja, wenn du so groß wärst wie ich …«, rief die Giraffe
und rupfte drei weitere Blätter vom Maulbeerbaum.

Wenn es nichts gibt, außer einem Tümpel,
drei Grasbüscheln und Staub und Gitterstäben.
Wenn es nichts gibt, außer Geärgertsein,
und Traurigkeit und einem Wärter Bratbüttel.
Wenn es nichts gibt,
was Herde und Erde und Heimat heißt,
dann wachsen die Träume.

Was kann ich verlieren,
dachte das Nilpferd.
Etwas Besseres als Unglück
finde ich überall.
Und nicht mal ein Nilpferd,
dachte das Nilpferd,
hält ein Heimweh für immer aus.

Und als die Singschwäne, die Störche
und die schwarzweißen Schwalben
sich sammelten
und die letzten goldroten Blätter vom Maulbeerbaum fielen
und schon die Morgenluft nach Abschied roch,
vergaß das Nilpferd sein Flüstern.
Und es stampfte
und schnaubte
und senkte den Kopf
und rief: »Nil – Nil – ich – komme!«
Und dann rannte es los.

Durch die Gitterstäbe,
durch den Zoo,
durch die Stadt,
durch den Wald,
durch das Feld,
durch den Garten,
durch die Wiese,
durch den Teich,
durch den Tunnel,
durch das Tal
und weiter, weiter.
»Nil, Nil, ich komme!«

Über den Zaun,
über den Berg,
über die Straße,
über die Brücke,
über Stock,
über Stein.

Und rannte einen Tag

und eine Nacht
und eine Woche
und einen Monat.
»Nil, Nil, ich komme.«

Und dann kam das Meer.
Da sprang das Nilpferd hinein,
und die Fische glotzten vor Staunen,
und die Delfine pflügten durchs Wasser,
und die Wellen mit ihren Schaumkronen
murmelten: »Nil, Nil, Nil.«

Bei Tag und bei Nacht murmelten sie so
und rollten an den weißen Strand.
Und ließen die Muscheln dort liegen,
die es den Möwen erzählten.
Und die Möwen erzählten es dem Lämmergeier,
und der Lämmergeier rief die Nachricht den Affen zu.
»Nil, Nil, das Nilpferd kommt!«

»Das Nilpferd kommt,
das Nilpferd kommt«,
kicherten die Affen.
»Das Nilpferd kommt«,
heulten die Wüstenfüchse.
»Das Nilpferd kommt«,
blökten die Kamele,
und bald wussten es alle.
Das Nilpferd kommt,
wirklich und wahr:
das Nilpferd kommt.

Und eines Abends, als die Sonne,
platsch, ins Wasser fiel
und die große samtene Finsternis
sich über das heiße Land legte,
hob der große alte Nilpferdbulle den Kopf
und stieß seinen mächtigen Nilpferdschrei aus.
Und die große Herde drehte sich nach Norden,
und alle Nilpferde hoben die Köpfe,
und da,
da kam es, das Nilpferd aus dem fernen Land.

Das Nilpferd trat aus der Dunkelheit
in einen silbernen Mondstrahl.
Es schnupperte und wusste genau,
so riecht die Erde,
so riecht die Herde,
so riecht der Nil!
»Nil, Nil, ich bin da«,
flüsterte das Nilpferd
und tauchte die Schnauze in den Fluss.

Jutta Richter, 1955 geboren, veröffentlichte noch als Schülerin ihr erstes Buch. Sie studierte Theologie, Germanistik und Publizistik in Münster, seit 1978 lebt sie als freiberufliche Autorin im Münsterland. Ihre Bücher wurden weltweit in 31 Sprachen übersetzt und mit nationalen sowie internationalen Preisen ausgezeichnet. So erhielt sie u.a. 2000 den Rattenfänger Literaturpreis für *Der Hund mit dem gelben Herzen*, 2001 den Deutschen Jugendliteraturpreis für *Der Tag, als ich lernte, die Spinnen zu zähmen* und 2005 den Katholischen Kinder- und Jugendbuchpreis für *Hechtsommer*. Zudem war sie mehrfach für den Astrid-Lindgren-Memorial-Award nominiert, der weltweit höchstdotierten Auszeichnung für Kinder- und Jugendliteratur. Zuletzt erschien von Jutta Richter 2020 *Frau Wolle und die Welt hinter der Welt* (mit Illustrationen von Günter Mattei), der letzte Teil ihrer Trilogie.

www.jutta-richter.de

Petra Rappo, 1969 geboren, hat seit 1992 als Grafikerin und Illustratorin eine Vielzahl von Büchern gestaltet. Ihr Buch *Baum an Baum* wurde 2016 von der Stiftung Buchkunst in die Liste der »schönsten deutschen Bücher« aufgenommen. Ihr Bilderbuch *Ginting und Ganteng – eine gezeichnete Reportage über Orang-Utans auf Sumatra* wurde 2020 von dPictus als eines der » 100 outstanding picture books « ausgezeichnet. *Nil, Nil, ich komme!* ist ihr erstes Bilderbuch bei Hanser. Die Buchgestalterin, Zeichnerin und Künstlerin lebt und arbeitet in ihrem Geburtsort Basel. Für *Nil, Nil, ich komme!* erhielt Petra Rappo einen Werkbeitrag der Sulger-Stiftung.

www.petrarappo.ch

1. Auflage 2022

ISBN 978-3-446-26219-5

© 2022 Carl Hanser Verlag GmbH & Co.KG, München
Umschlag- und Layoutgestaltung sowie Satz: Petra Rappo
Litho: Bildpunkt AG Münchenstein, Schweiz
Druck und Bindung: PNB Print Ltd., Silakrogs | Printed in Latvia

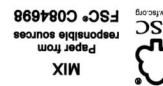